리토피아포에지 · 112
와락, 능소화

인쇄 2021. 2. 20 발행 2021. 2. 25
지은이 송창현 펴낸이 정기옥
펴낸곳 리토피아
출판등록 2006. 6. 15. 제2006-12호
주소 22162 인천 미추홀구 경인로 77
전화 032-883-5356 전송032-891-5356
홈페이지 www.litopia21.com 전자우편 litopia@hanmail.net

ISBN-978-89-6412-141-2 03810

값 9,000원

송창현 시집

와락, 능소화

리토피아
LITERATURE & UTOPIA

시인의 말

원고지를 미처 채우지 못함에도 불구하고
시가 이끌어 가는 일도 있더군요.
시를 생각하기만 하면 그냥 있어도 하루가
의미 있게 흘러가는 일도 있더군요.
밤새 잠을 이루지 못했음에도 마치
대화라도 한 듯 즐거울 때도 있더군요.
아직도 마음은 바쁘고 잠을 쉬이 이루기도 어렵지만
시를 만나서라 기쁩니다.

2021년 2월
송창현

차례

제2부

제3부

| 제1부 |

기일

살살이꽃 휘파람 불면 안덕골에 저녁별이 발걸음 멈췄지.
감나무 옷을 갈아입을 때마다 장독 그림자가 고갤 내밀고.
우암산 볼 붉어지면 구름에다 얼굴을 파묻곤 했단 말이야.

그날 시월 첫날밤 누이가 신방 차린 문지방이 야속하다고.
옆집 상수형 별빛을 끌어안고서 가슴을 흠뻑 적셔놓았어.
가을밤 주름진 달무리, 문틈으로 아버지 이야기 들려주네.

여보, 언제 와

전화할 때마다 여보, 라고 부르는 순이 할머니.
여보 언제 와, 를 연발하는 날에는 바람이 울렁인다.
바람 소리가 여보, 를 따라 하며 나긋해진다.
바람소리도 꽃이 되어 여보, 여보, 한다.

하숙생에게 따뜻한 고봉밥을 주시던 순이 할머니.
넘어져 진통제 맞은 날, 잊은 남편 전화번호를 찾았다.
할머니 전화에 옛 하숙생은 나긋한 남편이 된다.
할머니가 여보, 꽃을 피우면 하숙생은 네, 나비가 된다.

와락, 능소화

여름비 기척도 없이 꽃잎에 몰려들자 입술이 바르르,
젖은 잎 늘어트리며 담장을 타고가던 손들이 화들짝,
급기야 후두둑 소리에 놀라 숨어들어온 꿀벌이 와락,
장대비가 두드릴 때마다 능소화 꽃송이 안에서 앵앵,

고래소리

아버지 어린 시절 사셨다는 소백산맥 끝자락 청해리.
까마득한 할매봉우리 아래 금빛 평야가 너울거릴 때,
할아버지 민물 새우잡이도 잊고 강물 따라 떠나셨다.

강변에 피자집 생기고 푸른다방 딸이 제빵소 차린 날,
숭어가 할아버지 갈대배잎 하나 물고 청해리를 찾아왔다.
아버지 강둑에 서시면 먼 바다에서 고래소리 들린단다.

어머니의 양철대야

수봉산 새벽바람이 구멍이 난 양철대야를 흔든다.
어머니 고함에 생선들이 벌떡벌떡 일어나 앉는다.
양철대야가 미닫이문을 확확확 소리를 내며 연다.

생선 비늘들이 차가운 바람을 잡고 골목에 앉는다.
햇살이 바람 타고 양철대야 구멍으로 손을 넣는다.
어머니 떠나신 자리 양철대야가 골목 안을 울린다.

어머니 굽은 손가락

어머니 굽은 열 손가락이 거친 숨을 쉽니다.
사람 없는 언덕길을 땀 뻘뻘 흘리며 갑니다.
별빛이 쏟아지자 검버섯 손등에 꽃이 핍니다.
굽어 터진 호미손에 별천지꽃이 눈을 뜹니다.
어머니 땀방울이 별꽃에 소금물을 뿌립니다.
별꽃이든 고사리꽃이든 어머니 손은 꽃입니다.

맨드라미 여인

해가 깰까 여인이 주름진 꽃손으로 바닷바람을 움켜쥔다.
서둘러 갈 곳이 별보다 많은 따개비 밭이라 바쁘단다.
붉어진 주근깨꽃 얼굴이 집을 나서자 발걸음이 가볍다.

불그레한 여인 발자국에 비릿함이 퍼지자 손길이 급하다.
갯벌 끝 바위에서 따개비가 잠들까 허리를 펴지 못한다.
세수하는 해의 코를 꽉 비틀자 갯벌이 찰박찰박 웃는다.

유기농 배추

밤낚시를 하던 아저씨가 배추밭에 뛰어든다.
주인아줌마 몰래 이쪽저쪽에다 오줌을 눈다.
금빛 물결에 푸른 잎들이 입을 다물지 못한다.
목욕 한 푸른 맵씨들 잔주름 사이에서 노래한다.
밤새 아삭아삭 입술에 달짝지근이 자르르하다.
한입 특유의 아삭함이 허전함에 기쁨을 채운다.
푸른 입술들 노래지면 유기농 배추가 금값이다.

뚝배기

옆집 여자가 된장찌개를 끓이는데 뚝배기가 쩍 금이 간다.
사내가 얼마나 고약하게 썼으면 그 속이 다 터지냐 한다.
사내의 말이 끝나기도 전 뚝배기가 아예 쫙 깨져버린다.
여자가 제대로 된 뚝배기 안 사주니 재 때 깨진다 한다.

할머니 땀방울

작은 텃밭으로 화살바람이 지나가다가 멈칫거린다.
할머니 굽은 손길 끝에서 배춧잎이 퍼덕거린다.
고양이 따라온 까치가 구름을 물고 손등에 앉는다.
할머니 손등에 앉은 땀방울에서 연잎이 춤을 춘다.

여름밤

할머니가 땀을 흘리자 장지문 엉덩이를 흔든다.
이마 벗겨진 문설주도 졸면서 콧바람 불어댄다.
천리만리를 걸어온 구름이 마루에 등을 눕힌다.
몇 밤 목욕한 달이 솔가지 사이로 얼굴 내민다.

꽃꽃 잡는다

비 쏟아지는 아침에 할배 앉은 자리 헐거워지자
노란 꽃들이 다가온다.
애기나리꽃*들 개울가 올라와 마당귀에 앉은
할배 실웃음에 안긴다.
애기나리꽃들 할배 손을 잡고
집집마다 마실 다니며 꽃꽃 숨는다.

비 그치는 저녁에 노란 꽃들
할배 손에 올라와 찰싹 달라붙는다.
진달래 마을에 노을보다 먼저 온 애기나리꽃들
할배 입꼬리에 앉는다.
꽃꽃 숨었던 애기나리꽃들
할배 발걸음 미끄러질라 꽃꽃 잡는다.

*애기나리꽃 : 4월 초순부터 발화기이며 7월까지 결실기이다.

매화

봄볕에 앉은 스님들이 매화 이야기로 꽃을 피운다.
뒤뜰에 매화가 피었는데 벚꽃만 기다린다고 한다.
섬진강변 매화가 겨울을 밀어내며 봄을 피운단다.
야생 매화가 오는 날에는 다들 군소리를 못한단다.

보살님이 하얀 손을 드러내며 국수를 찬물에 헹군다.
국수를 먹으면서 보살님 이름이 생각나지 않는단다.
배불리 있다가 보살님 이름이 매화라니 깜짝 놀란다.
노스님 국수에 매화향이 가득하니 어머니 품이란다.

고운 산빛

복사꽃 망울지는 날 백팔배로 땀을 떨쳐내고,
일주문을 넘어간 아낙이 개울가에 앉아있다.
봄 여름 가을 겨울과 떠난 줄 알았던 산빛이,
고운 빛으로 따라와 물길에서 살포시 안긴다.

겨울 살을 뺀 날

잔뜩 살이 찐 봄바람이 이장 댁 울타리를 들이치고 있다.
울타리가 모르쇠 하며 겨울 살이나 더 빼고 오라고 한다.
봄바람이 울타리를 잡고 쌓인 눈들을 후두둑 털어낸다.
이장 댁 누나가 몰라보게 이뻐진 날 삼촌과 결혼을 한다.

동백꽃자리

고창 선운사 동백꽃을 본 후 십 년이 넘었죠.
삼촌에게 문자를 보내고 이틀 후 택배가 왔다.

도착한 푸른 이끼를 뜰 안에 꽃자리로 깔았다.
붉은 동백이 꽃자리 찾아 마악 문을 두드린다.

개구멍

삼촌이 새벽에 개구멍으로 들어오면서 끙끙거린다.
아버지가 돌아누우며 오늘은 꼭 개구멍을 막겠단다.
어머니가 그만두고 오늘은 장에 갔다 오자고 한다.
아버지가 대문은 잠그고 발길질로 개구멍을 넓힌다.
옆집 순둥이가 넘어와 흰둥이 젖 물고 꼬리 흔든다.

할머니 간장독

할머니가 금 간 항아리에
흙 이겨 붙이고는 촛농으로 막으신다.
노끈을 세 가닥으로 찢어 새끼 꼬아
항아리를 묶고 또 묶으신다.
아침마다 항아리에 엉겨 붙은
짜디짠 간장 냄새 가득하다.
유월 어느 날 할머니
달짝지근한 간장 향기 타고 떠나셨다.

먹구름이 꺼낸 꽃

먹구름이 젖은 손을 뻗으며 다가온다.
품 안에서 커다랗고 하얀 꽃을 꺼낸다.

푸른 종이에 하얀 꽃구름이 놓여 있다.
안녕을 못한 눈물 한 방울이 번져 있다.

젖은 손가락이 모양을 좇아 따라간다.
젖은 손가락이 뜨거운 콧김 따라 달린다.

멍울진 꽃이 말간 얼굴을 그리고 있다.
먹구름이 하얀 꽃구름 따라 꽃이 된다.

소리 없는 염불

소리 없이도 승려가 염불을 한다.
혀끝이 천수경보다 더 미끈하다.
달맞이꽃이 문득 소리를 삼키고,
바람이 벌떡 일어나 목탁을 친다.
잠자던 탑이 깨어 머리를 숙이고,
공양간 숨어든 참새 바라춤 춘다.

방패연

방패연 꼬리가 달리다가 땅을 박찬다.
담벼락을 넘어 산비탈을 타고 오른다.
구름 아래에서 할머니 하고 불러낸다.
할머니가 노오란 해님 얼굴을 내민다.

방패연이 큰 입을 쉬지 않고 조잘댄다.
할아버지, 내년에는 농사를 쉬겠다고요,
누렁이님, 두 발 네 발 여행 가자고요,
햇살은 깔깔깔, 황금빛 논은 일렁일렁.

| 제2부 |

속삭이는 개와 주인

개가 주인에게 속삭이면서 깔깔깔 웃는다.
고양이도 덩달아 앞발을 들고 흥을 돋운다.
수탉도 뭔 소리인지 알아듣고 박장대소한다.
주인만 못 알아듣고 그저 고개 끄덕거린다.

서로 기대며

담쟁이덩굴이 담장을 올라타고는 뻗어간다.
잠에서 깬 담장이 허리가 휜다고 불만이다.

덩굴은 담장이 신세를 지면서도 모른단다.
지나가는 바람이 눌러앉으며 호호깔깔이다.

가을 주차장

103호 남자 가을나무에 모기약을 잔뜩 뿌리고 다녔다.
시골서 옮겨온 자식 같은 나무라 자랑하더니 이사 갔다.
석류나무만 대추나무 감나무 사이에서 꼼지락거린다.

반장여자 잔디밭에 주차장 만들자고 사인 받으러 다녔다.
코스모스를 심어 코를 벌름거리며 살자더니 이사 갔다.
단풍도 은행잎도 없는 잔디밭에 먼지 낀 시월만 썰렁하다.

부들의 솜씨

하늘을 바라보는 냇가에 부들이 하늘빛을 닮아간다.
태양이 갈수록 뜨겁지만 맵씨는 뜨거울수록 더 빛난다.
찾는 이 없어도 당당하다고 맘씨 좋은 수련이 웃는다.
말씨 좋은 바람이 노래를 부르며 눈꺼풀이 파르르 떨지만,
부들은 날로 부들, 부들거리며 싱싱한 솜씨를 자랑한다.

산 중턱의 그녀

봄바람이 산골 따라 넘어가는 메아리 꼬리를 붙잡는다.
골짜기 따라 넘어가던 메아리가 돌아서서 바라본다.
뒤따라간 바람이 허겁지겁 메아리 꼬리를 만져댄다.
봄바람이 그녀를 간질이다가 배시시거리며 몸을 꼰다.

봄바람이 산 중턱으로 메아리를 맞이하느라 분주하다.
방문 열어놓은 암자에서 알 수 없는 웃음이 흘러나온다.
굴뚝 옆 야생화가 귀를 쫑긋하며 고개를 빼꼼 내민다.
굴뚝 연기가 조용하자 그녀가 앙앙대며 봄바람에 안긴다.

고흐

폐지 줍는 남자가 빈 리어카를 끌고 고물상에서 나온다.
편의점 광고를 바라보다가 들어가더니 막걸리를 사온다.
막걸리 파라솔에 앉아 햇살로 한쪽 귀 없는 그림자 그린다.
지나가던 턱수염 짙은 노인이 고흐 얼굴이라고 외친다.

아쉬운 일출봉 아래

남녀가 몸을 부둥켜안고 다니다가
화장실 앞에서 헤어진다.
아낙이 못 본 척하고
바닷바람이 더 좋다 두 팔 벌린다.
저 먼 곳 바위 나무들이 햇살 타고
묘한 실눈으로 턱을 세운다.
아쉬움이 흔들흔들, 멈칫멈칫,
화장실 앞에서 날갯짓 한다.

금산사 아침

금산사 입구 콩나물국밥집에 앉아서 속이 몽롱해진다.
개운함이 터지자 식당 앞 푸른 이끼가 얼굴이 홍건하다.
아침 일찍 풀들이 가슴을 젖히며 도시 내음을 안아준다.

붉어가는 배롱나무꽃이 향기 뿌리며 절 안으로 안내한다.
숲을 깨우는 발자국소리가 죄송합니다, 감사합니다, 한다.
돌샘 옆 호랑가시나무 잎이 물 한 모금 뜨며 웃고 있다.

목소리

그녀 목소리가 종소리 타고 콩닥콩닥 울리며 온다.
머릿속으로 들어온 소리가 술렁대는 심장을 만진다.
기다리던 배고픔이 꼬르륵꼬르륵 부풀어 쪼아댄다.
그녀 목소리가 요리하면 점심시간을 모르고 넘긴다.

낭랑한 시가 포개고 앉은 엉덩이를 간질간질 만진다.
한여름 봉화산 솔잎이 중학교 유리창에 귀를 갖다댄다.
국어시간 두근두근 울리면 빡빡머리 말랑말랑해진다.
졸다가 버스 안내양 목소리에 오줌이 찔끔 깜짝 놀랜다.

하얀 눈섶

소금기 가득한 바람에 날리는 사내의 눈썹이 하얗다.
철썩철썩 파도 거품들이 그의 눈썹 속으로 스며든다.
메마른 밭에 바닷물을 뿌려가며 짠한 시를 키워간다.

하얀 달빛을 타고는 바람이 눈썹 사이로 내려앉는다.
소리에 놀란 젊음이 해변에서 퍼드득 퍼드득 터진다.
파도에 시달린 바람이 사내의 하얀 눈썹에 곧추선다.

개화開花

봄꽃이 피니 매복을 푼 햇볕이 신출귀몰이다.
두 겹 세 겹 신비 벗기려고 마지막 술법이다.

꽃의 봉긋함이 날카로운 눈빛에 베이는 날에,
심장 깊숙이 박힌 손 하나가 화들짝 달아난다.

애정 행각

홍인지문을 지나 난전을 열어젖히자 거리가 화려하다.
미끈 휘날리는 복고풍에 발걸음이 흥분하여 달려든다.
청계천이 지나는 옷을 붙잡고 이보시오 이 옷보시오 한다.
난전 여인들 돈 웃음 뿌리고 다니는 남정네들 꼬드긴다.

동묘 담장 능소화가 보조개를 내보이자 발길들 짜릿하다.
꽃망울들 코맹맹이 하며 지나가는 향수들 멈춰 세운다.
노인이 미소 한 방울에 불끈 힘이 솟아나 눈이 화등잔,
저녁 네온 불빛 부끄럼에 골목길 안으로 고개를 돌린다.

나무의 아름다운 변신

앙상한 가지가 일어난 자리를 잔디밭이 쓰다듬고 있다.
가지 울음소리에 어린 새싹이 잔잔한 웃음을 비벼댄다.
아름다운 꽃자리 꽃 지운 곳으로 꽃을 피우려 옮겨간다.
어린 가지가 나무를 잡고 벌레들 사는 곳에 들어선다.

뿌리 발가락들이 사랑하던 말라버린 굳은살을 밀어낸다.
가지들이 일어나자 새싹들이 일어서서 발가락 닦아준다.
잔디밭이 춤추자 어린 가지 맨발로 손을 잡고 춤을 춘다.
밤새 생채기를 하던 나무가 어린 가지에게 등을 내준다.

안덕골로 마실 오는 바깥덕골

달이 우암산을 깨우고는 안덕골 그림자 머리를 감긴다.
새벽산 눈이 반짝반짝거리며 안덕골 어귀로 나아간다.
늙은 꿩 묵은 몸이 푸드덕 푸드덕 산골을 가로지른다.
세차게 흔들리던 이파리 손들 늦겨울 손을 가만히 놓는다.

안덕골 실개천에 눌러앉은 흰눈을 밟고오는 바깥덕골 있다.
살얼음에 살금살금 건너면 파릇함이 슬금슬금 일어난다.
겨우내 매달린 시래기가 바람에 팔랑팔랑 맞이 나간다.
낡은 지붕에 거미가 연지곤지를 뽐내다가 다소곳하다.

가을 노인

바람이 청해리 논두렁 십리길을 노랗게 물들인다.
햇볕이 충혈된 눈빛으로 출렁출렁 바람을 따라간다.
등 굽은 노인에 손이 벼의 헛그림자를 잡아 묶는다.
논두렁에 저녁해가 앉자 기다리던 순둥이 짖어댄다.

노란 구름이 잘게 웃으며 서쪽 자락을 그늘로 감싼다.
바람이 노인의 손등을 타고 다 익은 벼 머리를 묶어준다.
가을이 들녘을 돌아다니다가 노인의 허리춤을 잡는다.
잡아끄는 힘이 작년 떠난 할미의 노랫가락만큼 힘차다.

콩국

아침이 장터를 끓이면 콩가루가 노랗게 몽글, 몽글댄다.
황금빛 은행잎이 장터를 지나가다가 난전 앞에 멈춘다.
서둘러 나오며 빼입은 옷자락을 감추지 못하고 부들댄다.

난전 앞 민들레잎이 슬쩍 노란 은행잎의 손을 잡는다.
민들레를 따라 은행잎이 입맛을 다시며 콩국을 맛본다.
양평 장날에 민들레가 뜨거운 콩국을 호호호 불어준다

만두가게 노인

밤마다 녹초 된 어깨로
어두운 복도를 깨우며 오는 옆집 노인,
일 마치고 와 현관문 잡을 때마다
천생연분이라 행복한 미소 짓는다.

비가 오나 눈이 오나
관절들 업고 비틀비틀 집으로 들어간 노인,
세월 가는 밤에 이별 없는 손이
살이 되고 피가 되는 만두피를 빚는다.

어둠이 질펀하게 펼쳐진 세상에서
흠뻑흠뻑 젖어드는 노인 어깨가,
아파트 벽 너머에 잠들다가
새벽이 되자 기쁨과 호뭇을 팔러 나간다.

개를 혼내다 혼나는 개

도봉산 입구 공업사 건물 주차장에서 늙은 개를 야단친다.
늙은 개의 입장에서 보면 혼을 내는 젊은이는 어린아이이다.
이래라 저래라 잔소리가 많지만 늙은 개는 멀뚱멀뚱한다.
주인 다가와 그에게 웬 개새끼냐, 호통 치자 개가 웃는다.

까악까악, 야옹야옹

밤엔 야옹야옹, 새벽에는 까악까악, 소리들이 온다.
흐느끼는 무리들이 쉬지 않고 창문을 넘으려 한다.
창문에 기댄 서러움들 못견디게 몸을 비틀어 댄다.

찢긴 창틀 사이로 눈물이 바람을 타고 와 흐느낀다.
까악까악이 사연을 말하면 야옹야옹이 대답을 한다.
밤새 까악, 하면 까악, 하고 야옹, 하면 야옹, 한다.

형제 사랑

형이 몹시 우울하다며 목욕을 하고 있다.
동생이 보쌈에 소주 한 잔 하자 소리친다.
돈도 없이 웬일로 호들갑을 떠느냐 한다.
오다가 형이 떨어트린 지갑 내가 주었지,
형이 발가벗은 것도 잊은 채 뛰쳐나왔다.
돈은 내가 벌었는데 쓰기는 네놈이 쓰냐,
개처럼 일해 벌면 뭐해 정승처럼 써야지.
형이 화만 모락모락, 소주잔에 비틀비틀,
둘 다 쓴소리 들이키자 단소리가 꺄 한다.

비탈길 산들산들

햇볕이 나뭇잎을 야금야금 갉아 먹는다.
푸른 잎들이 놀라서 가슴을 부여잡는다.
찐빵 팔던 아저씨 틀니 사이가 벌어진다.
순댓국집 할머니 누런 웃음이 마중 나간다.

수다스러운 얼굴들이 노랗다가 붉어진다.
언덕 신호등에서 고개들이 뒤로 돌아간다.
뒤안길에 어린잎들 빼꼼이 고개를 내민다.
서둘러 온 가을이 푸른 잎들을 토닥여준다.

| 제3부 |

초원에 산다

하이에나는 사막으로 가고 싶어하지 않는다.
가도가도 끝이 없는 들판에서 초원을 지킨다.
파도파도 사라지지 않는 풀잎들을 다듬는다.
무슨 일이 있어도 발톱 자국 남기지 않는다.

하이에나는 배고파도 얼른 서두르지 않는다.
언덕을 내려와 고기를 먹는 사자들에게 간다.
하이에나는 식상하다고 새것을 찾지 않는다.
코끼리 코가 잠들어도 번뜩이며 초원에 산다

어머니 사랑

지팡이가 차근차근 어머니를 공원 의자에 앉힌다.
저 멀리 햇살이 어정어정 바람에 이끌려 다가온다.
봄볕이 곱디고운 꽃잎을 물고는 바싹 다가앉는다.

비스듬히 어머니 어깨 위로 가만가만 소리가 울린다.
그동안 별일 없었느냐며 꽃잎이 귓속말로 소곤댄다.
어머니가 까르르대면 외할머니가 꽃잎을 들고계신다.

정감

비쩍 마른 가지 위에 감이 오롯이 앉아있다.
도톰히 겨울을 한 올 한 올 입으며 감싸온다.
십이월 쭈그러진 젖에 감미로움이 가득하다.
까치 입술이 정감을 물고는 더욱더 파고든다.

호박 된장국

어머니가 된장국에 호박을 잘잘잘 썰어 넣으신다.
호박이 등이 휘어지도록 씨앗이 가득하다고 한다.
참깨다 들깨다 깨소금 타령을 한다고 시끄럽단다.
어머니 등허리로 아우성들이 꽉 차오른다고 한다.

호박 된장국 한 수저에 나이가 가득 씹힐 때마다,
어머니 이제 등 휘어진 호박 썰기 싫다고 하신다.
팔십 년 깨소금맛 아들은 삼십 년 더 먹겠다 한다.
어머니 호박국 한가득 떠서는 밥 위에 얹어주신다.

발가벗은 사부님

팔괘장* 사부님이 도복을 벗고는 신나게 돌아다니신다.
발가벗은 채 기타로 알람브라 궁전의 추억을 연주하신다.
낙엽 속에서 잠을 자다 달님이 온다고 노래를 하신다.

제자들이 오면 발가벗고 산속 나무 꼭대기로 올라가신다.
나무 사이 빙빙 돌면 팔괘장 날개가 하늘 높이 펼쳐진다.
별나라 구경 가신 사부님이 활짝 웃으면 밤이 거대하다.

* 팔괘장 : 중국 북쪽 내가권 무술의 한 종류.

바닷가 끝 집집마다

가벼지 않은 따개비 세월들이 다닥다닥 붙어 앉아있다.
바닷가 모래들이 묵은 냄새를 안고 촘촘히 스며들어 있다.
집집마다 서까래가 달빛에 낀 흔적들을 밤새 토해낸다.
노부부 발자국이 숨어 있는 사연들을 소복히 담고 있다.
솟은 해가 지나가다 바위에 앉아 가만히 귀를 기울인다.

소문난 집

어떻게 이런 소문이 났느냐 물으니
해장국 뚝배기를 탁 내려놓는다.
할머니 두툼한 손이
고추 마늘 감자 우거지 넘치도록 쏟아 넣는다.
눈부신 얼굴들이 마주 보며
뚝배기 속 소문을 소리 없이 담아간다.

봄으로 간 개구리 두 마리

달빛에 앉은 개구리 두 마리가
개나리 나무 위로 훌쩍 튀어 오른다.
나무가지를 박차고 굴러떨어지며
살얼음 깨지는 소리 요란하다.
온 산 꽃봉오리 터지고 물웅덩이 놀라고
깨진 소리는 울어댄다.
개구리 울음이 개나리를 깨우자
꽃봉오리 겨울옷을 벗으려 한다.

개구리 한 마리 웅덩이 앞에 앉아
우는 개구리를 물끄러미 바라본다.
은빛 찬란한 차가운 달 아래
꽃봉오리 터져도 온화하니 말이 없다.
재갈 풀린 살얼음 물살 흐드러지게 맞아도
얼굴을 피하지 않는다.
겨울옷 벗는 바람이 나풀거리며
온 산 가득 울어도 울지 않는다.

부부

할아버지 잠자면서 코맹맹이 소리로 시끄럽다.
그만하라고 툭툭 쳐대면 힐끔 고개를 돌리신다.
텔레비전 켜면 할아버지 볼륨 소리가 높아진다.
무소음으로 바꾸면 할아버지 숨소리 조용해진다.
큰일이다 할아버지 코를 골다가 무호흡을 하신다.
할머니가 내일은 큰소리 나도 병원에 가신단다.

누이가 타고 온 봄

바람이 커튼을 걷자 잠을 자던 유리창들이 화들짝 깬다.
산비탈을 차고 가던 새들이 연둣빛 세상을 물고 다닌다.
밤새 떨던 장독들도 활짝 웃으며 누이 귀를 잡아당긴다.
봄바람에 씩씩거리는 누이의 콧구멍이 연신 벌름거린다.

새들이 집 짓는다고 오가며 울타리 개나리꽃을 깨운다.
아버지 펌프질 하시니 수돗가 풍경이 겨울옷을 벗는다.
어머니는 꼬꼬 멍멍에게 밥을 주고 삼촌은 비질한다.
살그머니 봄바람 타고 온 누이 눈에 그렁그렁 꽃이 핀다.

빨간 원피스와 상투머리 선생님

이른 아침 푸른 언덕 위로
국어 선생님이 빨간 원피스를 입고 나타났다.
종종 발걸음으로 상투머리 영어 선생님이
두루마기 휘날리며 따라간다.
게눈 감추듯 빨간 원피스 두 눈에 담고
먼 산 새소리를 들으며 오른다.
등나무에 옹기종기 놀던 곶복 차림의
까까머리 중학생들 졸졸 쫓아간다.

산등성이에 교가가 울려 퍼지며
운동장에 빨간 원피스가 아롱진다.
골짜기 봄바람은
영어 선생님 흰 저고리에 빨간 장미를 피운다.
왁자지껄 벌 떼들 분홍 벚꽃이 질 때에도
수런수런 잠들지 않는다.
봄꽃이 기웃거리는 교실마다
처녀총각 선생님 시가 애간장을 녹인다.

봄밤

어머나 멀리 밖에서도 아버지 목소리가 들리네.
누이가 말할 때마다 창가에 배꽃 송이가 날리네.
봄짓에 먼저 온 꽃송이들이 눈짓들로 맞이하네.
어느덧 쫓았던 꽃송이 아래에서 몸짓이 멈추네.

봄밤에 문밖 배나무에서 아버지 웃음이 들려요.
별빛 따라 들어선 배꽃잎들이 달갑게 속삭여요.
얇은 러닝 속에서 기다린 땀방울들이 일어서요.
작은 몸짓이 손짓 따라 눈빛 꽃송이들로 뻗어요.

복사꽃밭

마을 사람들이 벚꽃 구경 간 날
하얀 고양이가 부뚜막 위를 들뜨게 걷는다.
새참 다 먹은 하얀 고양이가
몸에 묻은 복사꽃 송이 빈 그릇에 털어댄다.
소 여물 주러 가던 할머니 눈동자가
연분홍에 일렁이며 살만하구나 하신다.

하얀 고양이 머리 위 복사꽃 송이가
화르르 할머니 굽은 손가락으로 뛰어 오른다.
복사꽃 송이 손에 감긴 수북한 풀을 차오르며
분홍빛으로 물들인다.
할머니가 오메 징한 놈, 하면
하얀 고양이가 달음질쳐 복사꽃밭을 만든다.

촛불

소원 한 가지를 들고 온 당신은 깜짝 놀라게 했지.
피는 꽃처럼 웃기도 하고 지는 꽃처럼 울기도 했지.
떠나오고 떠나가고 어디로 갔다가 어디에서 오는지,
금방이라도 잠들 듯하더니만 끝내는 잠들지 못했지.

여전히 하늘은 어둡고 늘 그렇듯 새벽은 아직 멀지.
한 번씩은 사랑을 위하여 밤이 새도록 울기도 했지.
적적하고 쓸쓸한 풍경에 이르면 비로소 아침이 오지.
촛불이 사그라지면 늙은 밤은 시름시름 앓기도 하지.

어머니 노래

어머니가 노래하면 달도 내려와 눈을 감는다.
창가 시계가 눈을 부릅뜨다가 꾸벅꾸벅 존다.
잠결에 돌아보니 유리창도 벌써 잠이 들었다.
바람을 타고 놀던 별들도 어머니 품 파고든다.

어머니와 통화하다 잠든 형이 엄마를 찾는다.
소주병들도 속을 다 비우고 자장가를 듣는다.
형이 부르는 노래는 잠든 사이에 파도가 된다.
봄밤에 괜히 파도가 울면 그건 어머니 노래다.

샘터 노인

청명한 하늘 아래 수락산 정수리,
발걸음 벌무리들이 빙빙 도는데.

종종 숲길로 들어선 노인 한 분,
샘터 앉아 쉬엄쉬엄 숲 소리 듣네.

알 수 없는 비법

요리사가 비법이 적혀 있는 책을 펼쳐본다.
두 해 동안 익힌 요리를 스승이 맛보더니,
은밀함도 입맛 맞지 않으면 의미가 없단다.

어느덧 양념이 입맛을 모두 데려가기도 전에,
짐작을 밀어내며 가득 젖는 맛이 되었다니,
그 맛 아무리 곱씹어도 생각은 알 수가 없네.

청보리밭길

콧볼 확 흔들어 목을 쭉 잡아끈다.
보리향 파고들어 황톳길 달려간다.

두해살이풀 한해살이풀은 달라도
너랑 나랑은 한 폭 풍경화로 남아.

싫은 일 좋은 일 그른 일 옳은 일
휘날리는 보릿대에 등을 기댄다.

목련이 헤벌쭉

이모할머니가 사진과 문자를 보내왔다.
봄이 목련을 열며 꽃문을 안 닫았단다.
종일 옆에서 내음이 지워지지 않는단다.

몇 밤을 그네를 타며 목련이 왔단다.
어젯밤 이모부 할아버지가 하 속삭여,
달빛에 꽃그네 타자 꽃맞춤을 한단다.

저녁 호숫길

아무도 없는 호수길이 물빛을 가득 안는다.
다가갈 수 없는 풍경이 저만치 문을 연다.
햇볕이 흙 알갱이들을 말갛게 깨어놓으면,
코스모스가 하염없이 기다림을 알아챈다.
그림자도 없이 손가락이 물결을 가리키면,
뭉클한 물바람이 그립다 그립다 다가온다.
다리가 출렁이다가 휘날림을 부둥켜안는다.
끝나지 않는 길 위에 금세 어둠이 내려앉아,
식어가는 한낮이 그림자가 되어 드러눕는다.

절밥

해바라기꽃이 돌담 아래에서 염불한다.
돼지감자꽃이 찻잔 속에서 삐죽거린다.
공양 뜸 들이는 연기가 꽃밭으로 나온다.
부끄러운 책상다리 발가락을 꼼지락댄다.

비쩍 마른 몸에서 꼬르륵 소리 재촉한다.
못 이기는 척 발그레한 볼로 입을 감춘다.
뒤뜰에 오줌만 눴지 똥은 비우지 못했다.
한 끼 굶으려해도 눈앞에 절밥 가득하다.

| 제4부 |

향적사 이정표

이곡리 지나는 길목에 향적사 이정표 만났네.
볼품없는 얼굴이 훌쩍 지나가버린 젊음 같아.
헤아려보니 청춘이 아침 이슬에 반짝이런가.
아침에 핀 노을이 뉘엿뉘엿 눈부시다 말았네.
빛바랜 세월만 등이 굽어진 자리에 앉아있어.
곱게 피던 때가 언제였나 물어도 대답이 없네.

눈 내리는 산골마을

눈송이 하늘하늘 내려앉는 날
산골마을도 하늘하늘 내려앉았지.

토굴집에서 내다보며
하얀 꿈에 둘러쌓여 살았지.

하얀 꽃이 발자국 덮으면
폭설이든 꽃이든 선녀 날개였어.

푸른 처녀

안개가 푸른 숲 헤치며 찾아온다.
숲속 노루 길 따라 풀을 더듬는다.

그 해 봄을 그렇게 찾고 말았으리.
숲길 색동옷 꽃사슴 시절 남았으리.

늙은 세월 다시 돌아가지 않았어도,
흠뻑 젖은 발자국 숲길을 잊지 않아.

파도의 손

어둠이 아직 묻어 있는 새벽 바닷가에,
자갈 씻겨주던 파도가 잠시 물러나 있다.

무심히 젖은 하얀 돌멩이를 집어 든다.
얼마나 있어야 내 손 하얘질 수 있을까.

마른 손을 파도 속으로 집어넣는다.
먼 바다 헤엄치던 파도가 손을 내민다.

섬진강 매화

한밤이 밀려와 섬진강변에 들어선다.

강물이 하얗게 물이 들어,
산기슭이 붉게 물이 들어,

눈물겨운 순결들이 겨울을 밀어낸다.

봄, 숨

속삭임이 달콤을 훅훅, 봄비 발걸음이 불쑥불쑥,
꽁꽁 언 꽃망울들이 허리 비틀며 화들짝 화들짝,
청춘 남녀 꽃가슴이 사정없이 두근 반 세근 반,

별꽃비

사천왕이 꾸벅 조는 찰나, 산기슭이 별꽃들을 한 움큼 집어 연못에 풀어놓는다. 푸른 꽃비들이 고개 내민 분홍 연꽃들을 덮는다. 물꼬 트인 꽃비들이 취한 바람을 타고 연필향나무를 깨운다. 꽃비 향기가 고요를 뚫고 향나무 그림자가 머문 문고리를 잡는다. 수절 과부 소리 없는 울음에 별꽃비 하나가 문 안으로 들어간다. 돌담 위 어린 돌부처가 아무것도 못 본 듯 두 눈을 감는다.

감

마른 가지 위에 앉아있는 가슴 두어 개
색 바랜 옷을 한 올 한 올 벗어던진다.
한겨울에 쭈그러진 젖을 다 드러내놓고
줄곧 높은 하늘에 가슴을 물리고 있다.

이름

해를 부르면 붉은 손이 구름을 스르륵 열고 내려다본다.
장미를 부르면 담벼락을 딛고 빨간 얼굴이 고개를 든다.
이름이 살아서 저 멀리 그림자 혼까지 얼굴을 바라본다.

해가 장미를 찾을 때에도 바람에서 장미야가 들려오고,
장미가 해를 찾을 때에도 장미야 이름이 빛으로 날아온다.
붉은 향내가 추운 날갯짓 하면 햇살이 장미 장미 한다.

봄으로 가 있겠소

어설픈 마음이 달빛에 젖을라,
겨울비에 쓸리어서 가 버릴라,
강 건너 산 너머에 가 있겠소.

하늘을 떠받치는 꽃 아래라,
재갈이 풀린 봄빛에 맞을라,
밤낮 흐드러져 누워 있겠소.

겨울옷 풀어버린 추억이라,
살포시 나부끼어 있을 거라,
온산 가득 봄으로 가 있겠소.

코스모스 얼굴

길 옆 코스모스가 하늘하늘,
소꿉친구 은순이,
초등학교 짝꿍 민선이,
치킨 파는 혜영이,
사업이 어려운 용선이,
암 수술하고 웃는 준호,
건강하자는 수남이,
코스모스들이 히죽히죽이다.
산골 은순이네에서 해남 수남이네로,
모두 말없이 잘잘잘,
생긋생긋 얼굴들이 벙글어진다.

꽃내

여름이 웅성웅성한다고 바람이 코를 킁킁거린다.
꽃무릇 시무룩하다가 꽃 끝을 간질간질 실룩인다.
시시한 사랑들이 재채기하자 바람이 길게 감싼다.
그제야 이 몸 저 몸이 군데군데 꽃내음을 벗는다.

쑥갓

입을 다물고도 이 집 저 집 미소가 상큼하다.
누구랑 사랑하는지 아침에 초록빛이 환하다.
지난밤 사랑을 애써 숨기는 얼굴이 배시시다.
자꾸 작은 쑥갓꽃 얼굴이 당신 당신 부른다.
봄바람 모른 척 고개 돌리다가 끌어안는다.

푸른 잎이 거짓말

봄이 떠날 무렵 담벼락 아래 꽃잎 하나.
정향나무에 작은 잎사귀를 밀어 올린다.
분홍 꽃이 다가와 초록은 부끄러워한다.
푸르스름이 수군수군하다 두근두근댄다.
꽃에게 아직 봄이 안 떠났다 거짓말한다.

친구 편지

먼 곳에서 친구가 하얀 편지를 보냈다.
얼룩진 글들을 입이 잘도 따라 읽는다.
흰머리 타고 바람이 듬성듬성 내려온다.
백지에 땀방울 하나가 무소식에 웃는다.

푸념

바닷가라도 달려가서야 서로가 두 눈이 반짝거리지.

물결이 펼쳐지는 뜨거운 밤에야 이유없이 콩닥이지.

별들이 오롯이 쏟아져야 심장이 눈을 뜨고 감싸안지.

밤길 잃지 않는 오붓한 손길에야 가슴이 울렁거리지.

아내가 잠자리에서 소곤소곤 대면 별 여행이 푸념꽃 피운다.

용돈

노인이 허둥지둥 옆집 창문을 두드린다.
오늘밤 손짓이 부랴부랴 몹시도 요란하다.
우물쭈물 소원을 할머니에게 전해달란다.
얼떨결 옆집 청년 현금꽃다발을 받아든다.
내일 이모 오시면 돈다발 꽃밭에서 놀겠다.

달빛

환한 눈꼬리가 가볍게 휘날리면,
지친 꽃은 반갑게 고개를 쳐든다.

재채기 한 번 사뿐히 흩뿌리면,
꽃망울은 눈을 질끔 즈려 감는다.

밤새*와 별빛

별빛이 소나무에 옷을 벗어 놓으면 밤새가 야금야금 손질한다. 긴 밤 한 땀씩 바느질할 때마다 솔가지에 별빛이 펼쳐진다. 밤새가 서두를 때마다 엉망진창 이 구멍 저 구멍이 뚫린다. 별빛이 옷을 들고 두 눈 부릅뜨면 구멍마다 연둣빛이 출렁인다.

솔밭길에 밤새가 달빛 마중나가면 별빛들 풀꽃들 쫑긋한다. 풀꽃들 밤새도록 이런저런 별빛 따라 굽어진 사연을 부른다. 가끔 밤새와 별빛이 너무 뜨겁게 춤을 춰 풀꽃들이 탄다. 밤새가 잠들면 별빛 태운 곳에 새로운 풀 봉오리들이 얼굴을 내민다.

*밤새 : 밤에 활동하는 야금이라는 새. 꿩과 비슷한 상상의 새. 밤사이의 준말.

해설

해학諧謔의 쓸쓸한 맹아萌芽

—송창현 시의 '특성'에 관해

백인덕 | 시인

1.

비극이 먼저인지, 희극이 먼저인지 분명하지 않다. 동, 서양을 막론하고 사적史的으로 훑어보면 비극이 먼저인 것처럼 기록되어 있지만, 예나 지금이나 사람의 심리 작용이 크게 변하지 않았다고 가정하면 마땅히 희극이 먼저여야 할 것 같기 때문이다. 비극적인 내용을 말하려면 지속하는 감정과 거기에 진지하게 참여하는 타자, 말하는 사람과 똑같지는 않지만 거기 근사치로 귀를 기울일 수 있는 청중이 필요하다. 즉 비극은 아무리 넉살이 좋다 해도 아무 때나 무시로 시도할 수 있는 발화 내용이 아니다. 반면에, 희극은

공감하는 타자가 아니라 그저 귀 기울이는 청중만 있으면(나아가 '맞장구'를 쳐 준다면 더 바랄 바 없겠지만) 꺼내고 풀어낼 수 있는 내용이다. 엄밀하게 말하면, 현대는 냉혹한 인간 조건으로 인해 '희비극'이, 속칭 시쳇말로 '웃픈(웃기고 슬픈)' 상황이 넘쳐나고 그만큼 '희극적'인 발화도 힘을 잃고 있다.

송창현의 시들을 일별하면서 가장 먼저 든 생각은 비록 '맹아(막 발아한 싹)'의 단계에 머물고 있지만 뛰어난 '해학성'이 보인다는 점이었다. 그다음으로 든 의문은 과연 시인이 이 해학성을 자신의 시적 특성으로 발견하고 계발해서 아무나 선불리 흉내 못 낼 '개성'으로 막 시작한 시업詩業에 자연스레 장착할 수 있는가였다.

삼촌이 새벽에 개구멍으로 들어오면서 끙끙거린다.
아버지가 돌아누우며 오늘은 꼭 개구멍을 막겠단다.
어머니가 그만두고 오늘은 장에 갔다 오자고 한다.
아버시가 대문은 잠그고 발길질로 개구멍을 넓힌다.
옆집 순둥이가 흰둥이 젖을 물고는 꼬리를 흔든다.

—「개구멍」 전문

형이 몹시 우울하다며 목욕을 하고 있다.
동생이 보쌈에 소주 한 잔 하자 소리친다.
돈도 없이 웬일로 호들갑을 떠느냐 한다.
오다가 형이 떨어트린 지갑 내가 주었지,
형이 발가벗은 것도 잊은 채 뛰쳐나왔다.

돈은 내가 벌었는데 쓰기는 네놈이 쓰냐,
개처럼 일해 벌면 뭐해 정승처럼 써야지.
형이 화만 모락모락, 소주잔에 비틀비틀,
둘 다 쓴소리를 들이키자 단소리가 꺄 한다.

—「형제 사랑」 전문

시적 화자의 화제('사건')에 대한(심리적) '거리'를 생각하고 읽어보면, 인용 작품 중에서 전자는 '아버지와 삼촌'의 이야기고, 후자는 '형과 나'의 이야기다. 세대가 다를 뿐, '형제'가 빚은 사건인 셈이다. 두 이야기는 다른 듯 닮았고, 닮은 듯 다르다. '개구멍'은 화자의 아버지 세대를 상징하는 어휘로 적절하다. 번호로 여닫는 도어락은 고사하고 열쇠조차 각자 소지할 수 없었던 시절, 또한 그 시절은 국가적으로나 가정적으로나 '통금'을 엄격하게 실시하고 있었으니 당시 젊음은 개구멍을 팔 수밖에 없었을 것이다. '삼촌'은 새벽에 "개구멍으로 들어오면서 끙끙거린다". '아버지'는 돌아누우며 "오늘은 꼭 개구멍을 막겠단다". 하지만 실상은 "대문을 잠그고 발길질로 개구멍을 넓힌다." 동생의 늦은 귀가에 대한 '화'보다 개구멍이 작아 '낑낑'대는 곤란이 더 신경쓰였기 때문일 것이다. 인용 작 후자가 '형제 사랑'이지만 필자에게는 전자의 주제가 훨씬 더 선명하게 다가온다. 아마도 '개구멍'과 '지갑'의 변화와 관련이 있을 것이다. '개구멍'은 보다 함축적이다. 즉 그 자체로는 아무것도 지시하지 않는다. 단지 '아버지와 삼촌'이라는 '형제'를 이어주는 연결점일 뿐이다. 또한, 작품 안에 '형제애'에 대한 직접 언급이 없다. 반면에 '형제 사랑'은 제목 자체가 직접 의미를 지시할 뿐만 아니라, "돈은 내가 벌었는데 쓰기는 네놈이 쓰냐,/개처럼 일해 벌면 뭐해 정승처럼 써야지."라는 형제의 대화 부분이 오히려 작품의 주제를 강조함으로써 이른바 '동의'의 효과를 감소시킨다. 시인은 이를 의식해서일까, "둘 다 쓴소리를 들이키자 단소리가 꺄 한다."라고 일종의 설명을 덧붙인다.

단지 유사한 작품 두 편을 나란히 놓고 '해학'이 송창현 시인의 시적 개성이 될 수 있는가, 질문을 시작했을 뿐이다. '개구멍'이나 '지갑'처럼 작품으로 형상화할 수 있는 소재를 발견하는 데는 앞으로도 큰 곤란을 겪지는 않을 것 같다. 하지만, '개구멍'의 압축된 느낌이 '형제 사랑'에서 맥없이 풀려버린 이유를 생가히자면 심리적 거리의 문제를 고민하지 않을 수 없다.

주지의 사실이지만, '해학'의 사전적 의미는 "주어진 사실을 객관적으로 드러내지 않고 과장하거나 왜곡하거나 비꼬아서 우스꽝스럽게 표현해 웃음을 유발한다."이다. 이 정의에는 두 가지 유의할 점이 있다. 하나는 '객관성'을 버려야 한다는 것이고, 다른 하나는 '웃음을 유발'해야 한다는 것이다. 이번 시집과 관련하여 '객관'과 '웃음의 유발'에 대해서는 이 글의 후반부에서 구체적으로 다룰 것이다.

> 폐지 줍는 남자가 빈 리어카를 끌고 고물상에서 나온다.
> 편의점 광고를 바라보다가 들어가더니 막걸리를 사온다.
> 막걸리 파라솔에 앉아 햇살로 한쪽 귀 없는 그림자 그린다.
> 지나가던 턱수염 짙은 노인이 고흐 얼굴이라고 외친다.
>
> —「고흐」 전문

시적 화자는 '폐지를 줍는 남자'를 발견한다. '폐지'와 일반적으로 연결되는 명사가 아니므로 '남자'는 시인의 발견이라 할 수 있다. 그러나 심리적 거리를 설정하는 데서는 좀 문제가 있다. 관찰자의 입장에 머무르면서 "햇살로 한쪽 귀 없는 그림자 그"리는 남자의 존재를 "지나가던 턱수염 짙은 노인이 고흐 얼굴이라고" 외치는 데 맡겨버린다. 즉, 심리적 거리가 멀어지면 '해학성'이 줄고, 발견한 내용을 지시적 상황의 이면, 즉 시적 '함의'로 만들려는 성향이 강해진다. 함의가 풍부한 시는 누가 뭐래도 좋은 시다. 문제는 바람직한 이런저런 시도들이 한데 뒤엉켜 버릴 위험을 어떻게 잘 헤쳐나갈 것인가 하는 점이다.

2.

이번 시집을 관통하는 송창현 시인의 특성은 아무래도 '해학성'에 있다고 해야 할 것 같다. 차분히 몇 가지 근거를

서술하자면, 과장은 과소와 같은 말이니 여러 사건을 개인의 감정선 아래 나란히 열 지어 세우는 것도 그렇고, 기억의 왜곡이 아니라 시적 사물의 의미를 비틀어서 웃음을 유발하는 수법도 그러하다. 흔히 비극은 '카타르시스catharsis'를 효과로 내세우면서

공감의 지속성을 말한다. 반면에 '웃음'은 감정이나 정서적이기 이전의 즉각적인 반응으로 동참과 동의를 요구한다. 웃음의 실제적인 효과는 '나도 그렇다, 나도 그랬다'라는 자인自認, 즉 우리가 결국은 동류同流의 존재일 뿐이라는 걸 확인하는 데서 오는 통쾌함이다.

어머니가 된장국에 호박을 살잘잘 썰어 넣으신다.
호박이 등이 휘어지도록 씨앗이 가득하다고 한다.
참깨다 들깨다 깨소금 타령을 한다고 시끄럽단다.
어머니 등허리로 아우성들이 꽉 차오른다고 한다.

호박 된장국 한 수저에 나이가 가득 씹힐 때마다,
어머니 이제 등 휘어진 호박 썰기 싫다고 하신다.
팔십 년 깨소금맛 아들은 삼십 년 더 먹겠다 한다.
어머니 호박국 한가득 떠서는 밥 위에 얹어주신다.

—「호박 된장국」 전문

도봉산 입구 공업사 건물 주차장에서 늙은 개를 야단친다.
늙은 개의 입장에서 보면 혼을 내는 젊은이는 어린아이다.

이래라 저래라 잔소리가 많지만 늙은 개는 멀뚱멀뚱한다.
주인 다가와 그에게 웬 개새끼냐, 호통 치자 개가 웃는다.

—「개를 혼내다 혼나는 개」 전문

언어와 가족은 구조적으로 같은 원리를 갖는다. 임의성이나 변별성 같은 특질을 말하는 것이 아니라 위계와 차이(다름)에 의해 의미를 형성하거나 해체한다. 시가 어쩔 수 없이 언어의 활용인 측면에서 '인칭'의 사용이 중요한 이유도 여기에 있다.

앞에 인용한 작품에서 전자의 '어머니'는 인칭이 불분명하다. 물론 작품을 다 읽으면 "팔십 년 깨소금맛 아들"이라는 표현 때문에 그보다 훨씬 더 연로한 '어떤 어머니'라는 것을 알 수 있게 된다. 그런데 1연의 1행, "어머니가 된장국에 호박을 잘잘잘 썰어 넣으신다"의 어머니는 2연의 그 어머니라 생각하기가 처음부터 무척 어렵다. 마치 시적 화자의 경험을 묘사한 것처럼 핍진逼眞하기 때문이다. 모성의 어떤 형질을 형상화하고자 했다면 작품의 생략이 너무 심하고, 내 경험을 일반화하고자 했다면 표현이 지나치게 과장되었다. 왜냐하면, 독자의 동의가 너무 미약하게 설정되었기 때문이다.

반면에, 인용한 두 번째 작품은 제목부터 해학적이다. '개를 혼내다 혼나는 개'라는 구절에서 앞의 '개'와 뒤의 '개'가 같거나 다를지도 모른다는 기대감이 솟아난다. 이 작품은 인칭 전체가 3인칭이기 때문에 같은 어휘를 사용해서 미묘한 의미의 차이를 생성할 수 있다. 작품의 2행, "늙은 개의 입장에서 보면 혼을 내는 젊은이는 어린아이이다."는 이 상황에 대한 설명이다. 이럴 때는 현재의 독자를 믿어야 한다. 개가 사람보다 열 배쯤 빨리 노화한다는 것을 모르는 이 별로 없다. 마지막 행, "그에게 웬 개새끼냐, 호통치자 개가 웃는다"는 부분이 바로 시인의 해학성이 지향해야 할 부분일 것이다. 개만도 못한 인간이 사방에 널렸다고 비분강개하기보다 이런 작품을 하나 툭 던지는 것이 '웃음'의 뒤끝, 자신의 부끄러움을 되돌아보는 데는 더 유용할 것이기 때문이다.

봄볕에 앉은 스님들이 매화 이야기로 꽃을 피운다.
뒤뜰에 매화가 피었는데 벚꽃만 기다린다고 한다.
섬진강변 매화가 겨울을 밀어내며 봄을 피운단다.
야생 매화가 오는 날에는 다들 군소리를 못한단다.

보살님이 하얀 손을 드러내며 국수를 찬물에 헹군다.
국수를 먹으면서 보살님 이름이 생각나지 않는단다.
배불리 있다가 보살님 이름이 매화라니 깜짝 놀란다.
노스님 국수에 매화향이 가득하니 어머니 품이란다.

—「매화」 전문

앞에서 '웃음'의 즉시성과 자기 인정을 말했지만, 사실 그것은 소위 말하는 '극drama'과 일반 발화 상황을 주로 겨냥한 것일 뿐이다. 시에서 '웃음'은 파안대소破顔大笑나 감정과 표현의 잉여剩餘이기보다 '미소'에 가깝다. 슬며시 웃음, 혹은 '아, 알았다'라는 표지로서 쉽게 흩어지는 표정과 같은 것이다.

송창현 시인은 문득 뜻밖의 경지를 보여준다. 작은 이야기를 통해 '해학'의 깊이를 선뜻 보여주는 것이다. '뒤뜰의 매화'를 보지 못하고 멀리 '섬진강변 매화'를 말하는 이들, 게다가 이분들이 '스님'이라는 아이러니가 독자가 슬며시 미소짓게 한다. 그런데 나아가 2연에서는 무릎을 딱 칠 사건을 들려준다. 정갈하게 국수를 말아준 보살님 이름이 생각나지 않았는데, 배부른 한 참 뒤 그 보살님 이름이 '매화'라니 깜짝 놀라는 것이다. 노스님의 "국수에 매화향이 가득하니 어머니 품"은 시적 장치일 뿐이고, 여기서 우리는 깊은 해학의 정신을 읽는다. 통쾌하게 웃는 게 아닐지라도 은은한 미소 속에, 우리가 정말 찾는 것이 무엇이고 그것이 어디에 있나, 하는 것에 대한 나름의 시적 '우화寓話'를 만나는 것이다.

3.

송창현 시인의 이번 시집은 첫 시집인 만큼 많은 가능성과

함께 몇 가지 우려스러운 부분이 드러나는 것도 사실이다.

> 여름비 기척도 없이 꽃잎에 몰려들자 입술이 바르르,
> 젖은 잎 늘어트리며 담장을 타고가던 손들이 화들짝,
> 급기야 후두둑 소리에 놀라 숨어들어온 꿀벌이 와락,
> 장대비가 두드릴 때마다 능소화 꽃송이 안에서 앵앵,
>
> ―「와락, 능소화」 전문

사실, 필자는 좀 더 자유로운 시행과 연 사용을 시도했으면 어떨까 하는 생각을 해보았다. 시의 자유는 자기 의지에 따라 강제로 행과 연의 나누고 배치할 수 있다는 데서 출발한다. 물론 이런 문제는 시인 스스로 판단할 지엽적인 부분에 불과하다.

앞 인용 작품은 '바르르', '화들짝', '와락', '앵앵'이라는 의성, 의태어가 작품 전체를 떠받치고 있다. '와락', 능소화의 어떤 상태나 시기를 묘사(?)하고 싶었는지 모른다. 시인은 '꿀벌과 능소화'의 역동적인 상호작용을 그려내고 싶었는지도 모르겠다. 그렇게 보면 크게 실패한 작품이라 할 수도 없다. 과감한 생략을 통해 묘사가 나름대로 살아나기 때문이다.

의성, 의태어의 사용을 극도로 조심하는 이유는 그것이 '입말'에 가깝기 때문이다. 여기서 입말은 단순히 구어를 의미하는 것뿐만 아니라 기표와 기의 사이에 아무 간극, 틈이

없는 경우를 말한다. 즉 써진 그대로 읽어야 할 뿐, 다른 지시나 의미는 끼어들 틈이 없어진다. '능소화'는 불변의 사물이기에 시인은 자신의 능소화를 '와락'이라는 부사를 통해 형성하고자 하지만. 거기에 사용된 의성, 의태어는 이를 수행하지 못한다. 왜냐하면, 능소화와 꿀벌 사이의 관계를 드러낼 수 없는 어휘이기 때문이다. 많은 시작법의 이론에서 의성, 의태어의 사용을 권하지 않는 이유가 여기에 있다.

송창현 시인은 '해학'의 쏠쏠한 '맹아'를 가진 시인이다. '쏠쏠하다'라는 것은 다양하게 많은 싹을 틔워 올릴 수 있다는 의미다.

> 하숙생에게 따뜻한 고봉밥을 주시던 순이 할머니.
> 넘어져 진통제 맞은 날, 잊은 남편 전화번호를 찾았다.
> 할머니 전화에 옛 하숙생은 나긋한 남편이 된다.
> 할머니가 여보, 꽃을 피우면 하숙생은 네, 나비가 된다.
>
> ㅡ「여보, 언제 와」 부분

이런 작품을 보면, 경험의 유무를 떠나서 시인이 참 '이야기꾼'이구나 하는 생각이 든다. 누가 봐도 치매 상태인 노파의 무차별적인 언술 행위인 '여보, 언제 와'를 시의 제목으로 내세운 점과 "할머니가 여보, 꽃을 피우면 하숙생은 네, 나비가 된다"는 비록 가상이지만 관계 형성을 가능케 하는 상상 등이 그렇다. 굳이 해학적으로 읽자면, 말 그대로 무심

한 시간 속에 인간 존재의 노년을 씁쓸하게 풀어낸 작품이라 할 수 있다.

> 마른 가지 위에 앉아있는 가슴 두어 개
> 색 바랜 옷을 한 올 한 올 벗어던진다.
> 한겨울에 쭈그러진 젖을 다 드러내놓고
> 줄곧 높은 하늘에 가슴을 물리고 있다.
>
> ―「감」 전문

시인은 이야기꾼으로서의 능력을 보여주는 데서 멈추지 않고 앞의 인용 작품처럼 곡진한 묘사를 형성하기도 한다. 물론 '감' 자체가 우리 시에서 워낙 많이 다뤄지는 소재이기에 그 특성이 바래 보일 수도 있다. 하지만 '쭈그러진 젖'을 드러내놓은 이전에 수많은 시에서 보았던 그 표상이 아니라 "줄곧 높은 하늘에 가슴을 물리고 있다"라는 방향성, 즉 대지가 아니라 하늘로 젖을 물렸다는 표현에서 새로움을 느낄 수 있다. 어쩌면 이 방향도 시인의 특성이 될 수 있을 것이다. 물론 그것은 다 미래의 일이다.

송창현 시인은 '해학'이라는 특성으로 묶기 전에, '삽화插畫'의 능력이 뛰어나다고도 할 수 있다. 가족, 즉 할머니, 할아버지, 어머니, 아버지, 형 등을 모티프로 한 작품들은 편편이 다 잘 형상화되어 가족사에 대한 긴 서사를 듣거나 보지 않았지만 마치 이해하는 듯한, 공감할 수 있을 것 같은 감흥을 끌어냈다. 다시 말해, 배경 이야기를 감춘 삽화인 것과 같다. 가족 이외 사건을 모티프로 한 경우는 편수는 적었지만 나름의 방식으로 성공적인 삽화를 독자의 상상 속에 그려낼 수 있었다.

두서없이 이번 시집을 읽었다. 여기 모든 걱정은 다 시인의 미래와 시의 변모를 위한 것이니, 필자의 기우杞憂가 다 '헛소리'로 판명되는 날이 하루빨리 당도하길 기대한다.